はじめての くらべるずかん

いちばん！わかるが

監修　沢井佳子／成島悦雄／山﨑友也／大﨑章弘

高橋書店

くらべると こんな いいことがあるよ

ポイント1
くらべて ならべると、いちばんが わかる!

おおきさの じゅんばんに ならべてみよう。
カバは おおきい。でも、アフリカゾウが やってきたら、カバは ちいさい。
「おおきい・ちいさい」という ことばは、「なにと くらべるか」で かわるね。

ポイント2
くらべると、ちがう ところが わかる!

ゴリラの となりに オオカンガルーを ならべると、ちがう ところが よく みえる。
ブルドーザと ホイールローダも くらべてみれば、しごとの ちがいが よく わかるよ。

ポイント3
くらべると、にている ところが わかる!

はやく とぶ ハヤブサに にている ひこうきは どれかな?
カバと クジラの にている ところは、どんな ところ? くらべると いろいろな なかまわけが できるよ。

ポイント4
データで くらべれば、しくみや はたらきが わかる!

みただけでは わからないことも ある。
ものさしで はかった ながさ。
とけいで はかった じかん。いろいろな データを つかって、どんな しくみや はたらきが あるか くらべてみよう。

かんしゅう：さわい よしこ

このほんの たのしみかた

たくさん くらべる!

データで くらべよう!
「おおきさ」「たかさ」「はやさ」「ながさ」など、くらべる ポイントが すうじで わかります。

しゃしんで くらべよう!
ちいさいものと おおきいもの、ひくいものと たかいものなど、しゃしんで わかりやすく くらべることが できます。

いちばんを みてみよう!
かんむりが ついていたら「いちばん」です。
はくりょくの ある しゃしんで、とくちょうを しょうかいします。

いちばんが わかる!

いちばんの ひみつを しろう!
いちばんの りゆうを わかりやすく せつめいします。しりたい きもちに こたえます。

いちばん！が わかる　はじめての くらべるずかん

いきものを くらべてみよう

- りくじょうの いきものの **おおきさ** くらべ …… 6ページ
- すいちゅうの いきものの **おおきさ** くらべ …… 12ページ
- りくじょうの いきものの **せのたかさ** くらべ …… 16ページ
- りくじょうの いきものの **あしのはやさ** くらべ …… 20ページ
- すいちゅうの いきものの **はやさ** くらべ …… 24ページ
- そらをとぶ いきものの **はやさ** くらべ …… 28ページ
- いきものの **とぶたかさ** くらべ …… 32ページ
- いきものの **ねるじかんの ながさ** くらべ …… 36ページ
- いきものの **いのちの ながさ** くらべ …… 38ページ
- **とくしゅう** いきものクイズ！
  わたしは だれ でしょう …… 40ページ

のりものを くらべてみよう

- くるまの **おおきさ** くらべ …… 42ページ
- ひこうきの **おおきさ** くらべ …… 48ページ
- ふねの **おおきさ** くらべ …… 52ページ
- でんしゃの **ながさ・かお** くらべ …… 56ページ
- のりものの **はやさ** くらべ …… 62ページ
- のりものの **いろ** くらべ …… 66ページ
- **とくしゅう** みてみよう！
  のりものと こうつうの いろいろな いちばん …… 70ページ

しぜんを くらべてみよう

- たいようけいの ほしの **おおきさ** くらべ …… 72ページ
- たいようけいの ほしの **すがた** くらべ …… 74ページ
- ちきゅうの いろいろな **いちばん** くらべ …… 76ページ
- やまの **たかさ** くらべ …… 78ページ
- くもの **かたち** くらべ …… 80ページ
- はっぱの **かたち** くらべ …… 82ページ
- どんぐりの **おおきさ** くらべ …… 84ページ
- **とくしゅう** みてみよう！
  ゆきの けっしょう …… 86ページ

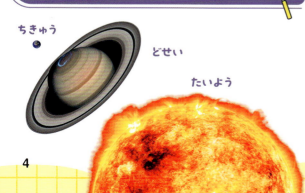

このほんに でてくる「おおきさ」について

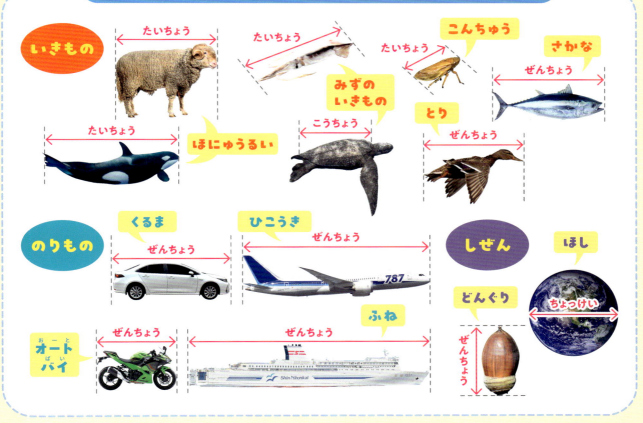

※いきものは主に種名で紹介していますが、一部総称を掲載しています。※個体差があるため、目安となるデータを掲載しています。
※いちばんアイコンは、主に世界一のものにつけていますが、一部日本一のものもあります。
※本書で掲載した情報は2025年3月現在のものです。名称や運行状況などは変更になる可能性があります。

参考文献
『小学館の図鑑NEO+ぷらす くらべる図鑑［新版］』（小学館）
『小学館の図鑑NEO+ぷらす もっとくらべる図鑑』（小学館）
『学研の図鑑LIVE いちばんの図鑑』（学研プラス）
『世界一おもしろい くらべっこ大図鑑』（河出書房新社）
『これだけは知っておきたい こども図鑑』（パイ インターナショナル）
『ギネス世界記録2024』（角川アスキー総合研究所）
『宇宙兄弟といっしょに学ぶ宇宙図鑑』（講談社）

写真
123RF
Adobe Stock
Depositphotos
iStock
PhotoAC
photolibrary
PIXTA
Shutterstock
アフロ
アマナイメージズ
ゲッティ イメージズ
レイルマンフォトオフィス
有限会社 跡土技術
吉田六郎写真管理
（株）カワサキモータースジャパン
光源舎オートプロダクツ（株）
キャタピラージャパン合同会社
ENEOS（株）
（株）タダノ
神奈川中央交通（株）
ヤマハ発動機（株）
国立研究開発法人海洋研究開発機構（JAMSTEC）
日本郵船（株）
ジャパン マリンユナイテッド（株）
（株）ミキ・ツーリスト
ロイヤル・カリビアン・インターナショナル
オーシャン ネットワーク エクスプレス
国立研究開発法人宇宙航空研究開発機構（JAXA）
NASA

カバーデザイン
尾崎行欧
本多亜実（尾崎行欧デザイン事務所）

本文デザイン・DTP
佐藤ひろみ 株式会社クライム

カバーイラスト
Miltata

イラスト
服部雅人 コヤマキコ 武井万祐子

編集協力
副田つづ唯（エディットワークス）
大槻寛（山栄プロセス）
手崎佳世（山栄プロセス）

校正
株式会社 鷗来堂

りくじょうの いきものの おおきさ くらべ

いきものを くらべて みよう

カワラバト
こうえんや じんじゃに います。むかしは てがみを はこばせて いました。
おおきさ やく35cm ◇

マガモ
オスは あたまが みどりいろで、メスは ちゃいろです。
おおきさ やく60cm ◐

ツバメ
なつの はじめに にほんに とんでくる わたりどりです。
おおきさ やく17cm ◇

くるま ぜんちょう 4m50cm

にんげん（5さい） しんちょう 1m10cm

シマリス
せなかに しまの もようが 5ほん あります。
おおきさ やく15cm ▲

カピバラ
あたたかい みずべで くらします。およぎが とくいで、もぐる ことも できます。
おおきさ やく1m30cm ▲

いちばん ネズミの なかまで いちばん おおきい！

ネザーランドドワーフ
ひとと いっしょに くらす かいウサギです。
おおきさ やく25cm ▲

レッサーパンダ
1にちの はんぶんは きの うえに います。
おおきさ やく65cm ▲

シバイヌ
むかしから にほんに いる こがたけんです。
おおきさ やく45cm ▲

▲：たいちょう　◇：ぜんちょう

いきものを くらべて みよう

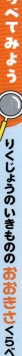

りくじょうの いきものの おおきさくらべ

オオワシ
いつもは シベリアに いますが、ふゆに なると ほっかいどうへ わたって きます。
おおきさ やく1m

コンドル
つばさを ひろげると、3mくらいに なります。しんだ どうぶつを たべます。
おおきさ やく1m10cm

いちばん
クマの なかまで いちばん おおきい!

にんげん（5さい）
しんちょう 1m10cm

グレビーシマウマ
アフリカに いる、いちばん おおきい やせいの うまです。
おおきさ やく3m

ホッキョクグマ
さむい ほっきょくけんで くらします。
おおきさ やく3m

ライオン
オスには りっぱな たてがみが あり、「ひゃくじゅうの おう」と よばれます。
おおきさ やく3m

8

ろせんバス ぜんちょう 11m

オオハクチョウ
シベリアなどに いて、
ふゆに にほんへ きます。
おおきさ やく1m40cm

カバ
おおきな くちが とくちょうです。
ひるまは みずの なかで くらします。
おおきさ やく5m

だれの しっぽ かな?

いちばん ネコの なかまで いちばん おおきい!

トラ
しまの もようで もりに かくれて、
えものを ねらいます。
おおきさ やく3m30cm

シロサイ
あたまに つのが 2ほん はえていて、
からだは かたい ひふで おおわれて います。
おおきさ やく4m20cm

いきものを くらべてみよう
りくじょうの いきものの おおきさくらべ

アフリカゾウ

ゾウの ひふは ざらざら するね

アフリカの そうげんで くらします。
おもさは マイクロバスと おなじくらいです。
とても あたまが よく、ながいき します。

おおきさ やく7m50cm

アジアゾウ

アフリカゾウ 7m50cm

アジアゾウ 6m40cm

アフリカゾウより すこし ちいさい アジアゾウも います。

わあ おおきいなぁ

10

おおきな みみ
あつい ときは
うちわのように あおぎます。

なぜ おおきく なったの?

むかし、ゾウは いまのように
おおきく ありませんでした。
いきるために、たべものが たくさんある
「サバンナ」と いうばしょで
せいかつするように なりましたが、
サバンナには かくれるばしょが
すくないため、みを まもるために
おおきな からだに なりました。

かたい きば
オスの きばは かたくて
ながく、りっぱです。

じゆうに うごく はな
ゾウの はなには ほねが ないので、
じゆうに うごかすことが できます。
たべものを つかんで くちに
はこんだり、ホースのように
みずを ふいたりも できます。

すいちゅうの いきものの おおきさ くらべ

いきものを くらべてみよう

いちばん カメの なかまで いちばん おおきい！

にんげん（5さい） しんちょう 1m10cm

オサガメ
ちじょうの ゾウガメよりも おおきい ウミガメです。クラゲを たべます。
おおきさ やく1m90cm ♣

マダイ

おいわいに つかわれる めでたい さかなです。
おおきさ やく1m ◆

ミナミゾウアザラシ
ゾウの ように おおきい はなが とくちょうです。なんきょくの うみに います。
おおきさ やく5m80cm ♠

オニイトマキエイ
マンタと よばれる エイです。くちを あけて およぎ、プランクトンを たべます。
おおきさ やく5m ◆

ホホジロザメ
こうげきてきで、うみに すむ どうぶつや およぐ ひとを おそうことも あります。
おおきさ やく6m40cm ◆

♠：たいちょう　◆：ぜんちょう　♣：こうちょう

いきものを くらべて みよう

すいちゅうの いきものの おおきさくらべ

シャチや クジラは、さかな ではなく、ほにゅうるい だよ

シャチ
しろと くろの もようが ある クジラの なかまです。
とても かしこい どうぶつです。
おおきさ やく8m

ジンベエザメ
くちを あけて ゆったり およぎ、ちいさい さかなや プランクトンを たべます。
おおきさ やく12m

いちばん
さかなの なかまで いちばん おおきい!

マッコウクジラ
くちに はが ある ハクジラの なかまです。
あたまには あぶらが はいって います。
おおきさ やく15m

14

すいちゅうで いちばん おおきいのは

いちばん

シロナガスクジラ

せかいで いちばん おおきい いきものです。とても ながいきで、100ねんくらい いきます。エビに にた オキアミが だいこうぶつです。

おおきさ やく27m

あたまの うえの はな

クジラは あたまに はなが あり、そこから いきを はきます。

ブラシのような クジラひげ

ヒゲクジラの なかまで、くちの なかに ブラシのような クジラひげが あります。

どれくらい おおきいの？

ろせんバス 2だいぶん よりも ながくて おおきい からだです。おもさは、ろせんバス 10だいぶんくらい あります。あかちゃんも 8m くらい あります。

りくじょうの いきものの せのたかさ くらべ

いきものを くらべてみよう

いちばん
ペンギンの なかまで いちばん おおきい！

にんげん（5さい）
しんちょう
1m10cm

コウテイペンギン
なんきょくで くらします。
メスが たまごを うむと、オスが あたためます。
たかさ やく1m20cm ◇

にんげん（5さい）
しんちょう
1m10cm

プレーリードッグ
うしろあしで たって、みはりを します。
たかさ やく30cm ◯

ミーアキャット
むれで せいかつ します。
たって、にっこうよくを します。
たかさ やく35cm ◯

◯：たいちょう　◇：ぜんちょう

りくじょうで いちばん せがたかいのは

いちばん

キリン
（きりん）

2かいだての いえと おなじくらいの たかさです。ながい くびと ながい したを つかって、たかい きの はっぱを たべます。

たかさ やく5m90cm（あたままでの たかさ）

やわらかい つの
うまれた ときから、ひふに おおわれた つのが あります。

からだの もよう
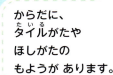

からだに、タイルがたや ほしがたの もようが あります。

オカピ
（おかぴ）
キリンの なかまです。もりで くらします。

たかさ やく2m（かたまでの たかさ）

なぜ くびが ながいの？

ほかの どうぶつが とどかない たかい ところに ある はっぱを たべたり、みを まもるために てきを はやく みつけたり、いきのびるために くびが ながくなったと いわれて います。

6m
5m
4m
3m
2m
1m
0

りくじょうの いきものの あしのはやさくらべ

いちばん ほにゅうるいで いちばん あしが おそい

ナマケモノ

きのぼりや およぎは じょうずだよ

100m そう せんしゅ
ウサイン・ボルトせんしゅが、9びょう58の せかいきろくを だしました。
じそく やく38km

ブタ
ブタの にくで、ハムや ベーコンを つくります。
じそく やく17km

しょうがく1ねんせい
50mを 11びょう6くらいで はしります。
じそく やく16km

じてんしゃ
じそく やく20km

ろせんバス
じそく やく30km

オオミチバシリ
カッコウの なかまです。ちじょうを はやく はしれます。
じそく やく36km

じそく：1じかんで すすむ きょり

はしることが にがてで、
2m すすむのに
1ぷんくらい
かかります。

キリン
ほそながい あしを おおきく ひらいて、
アフリカの そうげんを はしります。
じそく やく56km

だれの
しっぽ
かな？

グレイハウンド
ドッグレースで かつやくする、
きょうそうけんです。
かりも とくいです。
じそく やく64km

いちばん
イヌの なかまで
いちばん あしが
はやい！

クロサイ
もりで くらし、きのは などを
たべます。メスと こどもは、
むれを つくります。
じそく やく45km

ハイイログマ
はしることも およぐことも
とくいです。ヒグマや
グリズリーとも よばれます。
じそく やく47km

ネコ
からだが やわらかく、
すばやく うごきます。
かいネコと やせいの
ネコが います。
じそく やく47km

いきものを くらべてみよう

りくじょうの いきものの あしのはやさくらべ

いちばん
とりの なかまで いちばん おおきくて、あしがはやい！

ダチョウ
とべませんが、とても はやく はしれます。おおきな たまごを うみます。
じそく やく70km

プロングホーン
にくしょくどうぶつから、すばやく にげます。とても ながく はしれます。
じそく やく86km

サラブレッド
けいばで かつやくする、きょうそうばです。あしに かたい ひづめが あります。
じそく やく70km

ノウサギ
のはらで くらす、やせいの ウサギです。てんてきから、はしって にげます。
じそく やく72km

こうそくどうろを はしる くるま
じそく やく100km

22

りくじょうで いちばん あしが はやいのは

いちばん

チーター
ちーたー

アフリカなどで くらす、ネコの なかまです。
えものを みつけると、するどい つめで じめんを けって、
すごい スピードで おいかけます。

じそく やく110km

ほそい あしと からだ
すばやく みがるに うごくための からだつきを しています。

するどい つめ

スパイクのような つめで、じめんを しっかり けります。

どれくらい はやいの？
でんしゃや、こうそくどうろを はしる くるまよりも はやく はしることが できます。
しかし、いちばん はやい スピードを だせるのは、20びょうくらい だけです。

23

すいちゅうの いきものの はやさくらべ

いきものを くらべてみよう

すいえい せんしゅ
2024ねんに 50m じゆうがたで 19びょう90の しんきろくが でました。
じそく やく9km

オサガメ
ひれあしで およぎます。せなかは こうら ではなく、ひふで おおわれて います。
じそく やく3km

ホッキョクグマ
まえあしで みずを かいて、さむい うみを およぎます。もぐることも できます。
じそく やく10km

いちばん さかなの なかまで いちばん おそい

10cm すすむのに、4ぷん かかるよ

スタート！

タツノオトシゴ
リュウのような すがたを しています。ちいさい せびれで ふわふわ およぎます。
じそく やく0.0014km

ビーバー
ひれのような しっぽを つかって およぎます。かわに きの えだで ダムを つくります。
じそく やく8km

24　じそく：1じかんで すすむ きょり

タコ

きゅうばんの ついた うでが
8ぽん あります。
うみの そこに かくれて います。

じそく やく15km

いちばん

とりの なかまで
いちばん
はやく およぐ!

トビウオ

むなびれを つばさのように
ひろげて、うみの うえを
とびます。

じそく やく60km

ジェンツーペンギン

とべませんが、つばさを
つかって はやく およぎます。

じそく やく36km

マダライルカ

からだに しろい てんが
たくさん あります。
たいぐんで こうどう します。

じそく やく40km

だれの
おびれ
かな?

オットセイ

アシカの なかまです。
ながい けと みじかい けが
びっしり はえて います。

じそく やく35km

イカ

うでが 10ぽん あります。
みずを いきおい よく
はきだして およぎます。

じそく やく41km

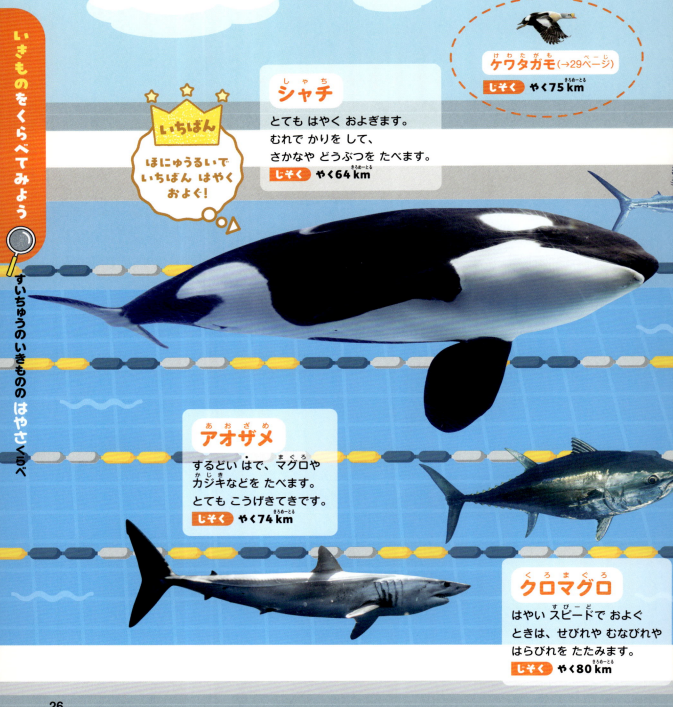

いきものをくらべてみよう

すいちゅうのいきもののはやさくらべ

いちばん
ほにゅうるいで いちばん はやく およぐ！

シャチ
とても はやく およぎます。
むれで かりを して、
さかなや どうぶつを たべます。
じそく やく64km

ケワタガモ（→29ページ）
じそく やく75km

アオザメ
するどい はで、マグロや
カジキなどを たべます。
とても こうげきてきです。
じそく やく74km

クロマグロ
はやい スピードで およぐ
ときは、せびれや むなびれや
はらびれを たたみます。
じそく やく80km

26

すいちゅうで いちばん はやいのは

いちばん

バショウカジキ
はねのように おおきい せびれが あります。くちは、ながく とがって います。

じそく やく109km

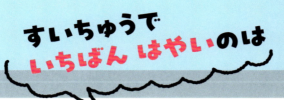

シロカジキ

おとなの シロカジキは、ぜんちょうが 4m50cmも あります。むれを つくらずに 1ぴき だけで うみを およぎます。

じそく やく129km

おおきい せびれ
カジキの なかまには、ふねの ほのような せびれが あります。

とがった くち

「ふん」という ながい くちで、えものを たたいて つかまえます。

どうして はやく およげるの？

おおきな せびれを たたんで ロケットのように ほそながい からだに なるので、とても はやく およげます。

27

いきものを くらべて みよう

そらをとぶ いきものの はやさ くらべ

キョクアジサシ
1ねんで ちきゅう 1しゅう くらいの きょりを いどうする、わたりどりです。
じそく やく40km

いちばん
とりの なかまで いちばん ながい きょりを とぶ！

スタート！

コウモリ
せかいに たくさんの しゅるいが います。もりや いえの やねうらに すみます。
じそく やく35km

いちばん
とりの なかまで いちばん とぶのが おそい

アメリカヤマシギ
アメリカや カナダに います。とぶ スピードは ハエより すこし はやい くらいです。
じそく やく8km

カラス
もりや、ひとの すむ まちで くらします。とても あたまが よく、ながいきです。
じそく やく35km

28　じそく：1じかんで すすむ きょり

ハイガシラアホウドリ

あたまが はいいろの アホウドリです。
うみの うえを、とても はやく とびます。
じそく やく125km

ケワタガモ

からだを おおう けが わたの
ように やわらかく、ふくや
ふとんに つかわれます。
じそく やく75km

アンナハチドリ

とても ちいさい とりですが、
すごい スピードで はばたいて、
はやく とびます。
じそく やく100km

だれの
おばね
かな？

ひこうせん
じそく やく80km

グレイハウンド
(→21ページ)
じそく やく64km

チーター (→23ページ)
じそく やく110km

いきものを くらべてみよう

そらを とぶ いきものの はやさくらべ

ヘリコプター
じそく やく200km

オオグンカンドリ
まがった かたちの はねが とくちょうです。
オスの あかい のどは ふくらみます。
じそく やく150km

イヌワシ
シロカジキと おなじくらいの はやさで とびます。
じそく やく130km

いちばん
とりの なかまで いちばん「すいへい ひこう」が はやい!

カワラバト
はやさを きそう レースバトや、てがみを はこぶ デンショバトが います。
じそく やく150km

ハリオアマツバメ
とても はやく とびながら、くうちゅうの こんちゅうを つかまえます。
じそく やく170km

30

そらを いちばん はやく とぶのは

いちばん

ハヤブサ

たかい そらから きゅうこうか して、とんでいる とりを けって つかまえます。その スピードは、とりの なかで いちばん はやいです。

じそく きゅうこうかで やく390km

すぐれた つばさ
ひこうきの ように はばたかないで とぶことも あります。

かぎがたの くちばし

かぎがたに まがった くちばしの とりを 「もうきんるい」と よびます。

するどい つめ

つよい つめが ついた あしで、えものを がっちり つかまえます。

どれくらい はやいの？
きゅうこうか するときは、しんかんせんよりも はやいです。ふだんは、ちじょうから そらへ むかって ふく 「じょうしょうきりゅう」に のって、ゆったりと とびます。

31

いきものの とぶたかさ くらべ

いきものを くらべてみよう

サラブレッド
たかさを きそう、ばじゅつの きょうぎで かつやくします。
とぶたかさ やく2m50cm

ろせんバス
たかさ 3m

はしりたかとび せんしゅ
おとこの せんしゅは、サッカーゴールの たかさを とびこえる ことが できます。
とぶたかさ 2m45cm

アワフキムシ
6ぽんの あしを つかって、たいちょうの 100ばい よりも たかく はねます。
とぶたかさ やく70cm

グレイハウンド
はしるのも とぶのも とくいです。
とぶたかさ やく1m90cm

32

いきもの を くらべてみよう

いきものの とぶたかさ くらべ

ぼうたかとび せんしゅ

スウェーデンの せんしゅが、
2024ねんに とんだ きろくです。

とぶたかさ 6m26cm

クリップスプリンガー

けわしい がけで くらします。ちいさい
からだで、とても たかく はねます。

とぶたかさ やく7m20cm

ピューマ

アメリカの もりや さばくで
くらします。きのぼりや
およぎも じょうずです。

とぶたかさ やく3m70cm

わぁ
たかいなぁ

やく1m
10cm

スプリングボック

アフリカの サバンナで、
むれを つくって くらします。
はしるのも とくいです。

とぶたかさ やく4m

34

いちばん たかく とぶ のは

ハンドウイルカ

とても かしこく、すいぞくかんの
イルカショーでも かつやくします。
まるい あたまと、みじかい
くちばしが とくちょうです。

とぶたかさ やく7m90cm

およぎやすい ひれ

むなびれ、せびれ、おびれを
つかって じょうずに およぎます。

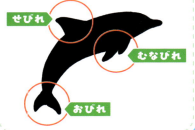

とがった は

とがった はで、
さかなや イカを
つかまえて
たべます。

どうして ジャンプするの？

イルカは とても あたまが よく、
あそびを たのしんだり なかまと
コミュニケーションを とったり するために
ジャンプすると いわれて います。

いきものの ねるじかんの ながさくらべ

いきものをくらべてみよう

しょうがく1ねんせい
からだを やすめる ために、10じかん いじょうの すいみんが ひつようです。
すいみん やく10じかん

チンパンジー
ひとに ちかい どうぶつです。ひるまに かつどうして、よるは はやく ねます。
すいみん やく10じかん

0　1　2　3　4　5　6　7　8　9　10　11

→ チンパンジー
→ しょうがく1ねんせい
→ ヤギ
→ キリン
→ アフリカゾウ

いちばん ほにゅうるいで いちばん ねるじかんが みじかい！

アフリカゾウ
やせいの ゾウは たったまま ねることが おおいです。ねない ひも あります。
すいみん やく2じかん

キリン
てきから にげられる ように、たったまま みじかい すいみんを くりかえします。
すいみん やく4じかん30ぷん

ヤギ
オスも メスも ひげが はえて います。やまや いわを のぼるのが とくいです。
すいみん やく5じかん30ぷん

> みんなも はやく ねようね

ねるじかんが いちばん ながいのは コアラ

フェレット
イタチの なかまです。
ほそながい からだと みじかい
あしが とくちょうです。
すいみん やく15じかん

いちばん

コアラが たべる ユーカリの はは どくが あります。しょうかに
じかんが かかり、えいようも すくないので、たくさん ねることで
エネルギーを せつやくして います。**すいみん** やく22じかん

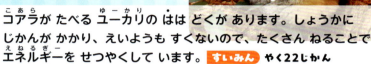

| 13 | 14 | 15 | 16 | 17 | 18 | 19 | 20 | 21 | 22 | 23 | 24 |

→ コアラ
→ ナマケモノ
→ アルマジロ
→ フェレット
→ ライオン

アルマジロ
あたまや せなかが
よろいのように かたいです。
てきが くると、まるまります。
すいみん やく18じかん

ナマケモノ
きに ぶらさがって、
いちにちじゅう やすんで います。
ゆっくり うごきます。
すいみん やく20じかん

ライオン
よるに かつどうすることが おおいです。
ひるまは ほとんど ねて います。
すいみん やく13じかん30ぷん

いきものの いのちの ながさくらべ

いきものを くらべてみよう

タンチョウ
ほっかいどうで くらす、ツルの なかまです。あかい あたまが とくちょうです。
じゅみょう やく40ねん

オウム
あたまに「かんう」という きれいな はねが あります。インコの なかまです。
じゅみょう やく60ねん

タヌキ
やまや もりで くらします。ひとの いえの ちかくにも あらわれます。
じゅみょう やく13ねん

せかいいち ながく いきた イヌは 30ねん

1　　10　　20　　30　　40　　50

ゴールデンハムスター
ひとと いっしょに くらす ペットです。
じゅみょう やく3ねん

ツキノワグマ
むねに みかづきがたの もようが あります。にほんの やまや もりにも います。
じゅみょう やく35ねん

アジアゾウ
アフリカゾウ よりも みみが ちいさくて、あたまに こぶが 2つ あります。
じゅみょう やく70ねん

38

まるくて おおきい
みみも くろと しろだね

めの うしろに
みみが かくれているよ

たてがみに
おおわれた
まるい みみ

てきの おとを
ききわける
ながい みみ

こたえ：① シマウマ ② ダチョウ ③ ライオン ④ ウサギ

くるまの おおきさ くらべ

のりものを くらべてみよう

ひとりのりの くるまだよ

ちょう こがた でんき じどうしゃ

でんちに たくわえた でんきで うごきます。かんきょうに やさしい エコカーです。

トヨタ コムス

おおきさ やく2m40cm

カワサキ ニンジャ 250
写真協力：カワサキモータースジャパン

オートバイ

エンジンや モーターで はしる にりんしゃです。ヘルメットを かぶって のります。

おおきさ やく2m

マツダ ロードスター
Adam Loader / Shutterstock.com

キャンピングカー

くるまの なかで くらせる ように キッチンや ベッドや トイレが ついています。

おおきさ やく5m20cm

バンテック ジル

写真協力：光源舎オートプロダクツ

SUV

ふとくて おおきい タイヤが ついています。やまや けわしい みちも はしれます。

おおきさ やく4m90cm

ジープ ラングラー
Jonathan Weiss / Shutterstock.com

42

おおきさ：この しょうでは、のりものの ぜんちょうを さします。

セダン／クーペ

セダンには ドアが 4つ ついています。
ドアが 2つの クーペも にんきです。

おおきさ やく 4m 50cm

トヨタ カローラ
Best Auto Photo / Shutterstock.com

いちばん たくさん うれた じどうしゃ！

ミニバン

ざせきが 3れつ あり、ひとが たくさん のれます。
ワンボックスとも よばれます。

おおきさ やく 5m

トヨタ ヴェルファイア

オープンカー

やねが ない くるまや、やねを はずせる くるまを オープンカーと いいます。

おおきさ やく 3m 90cm

ようちえんバス

ようちえんに かよう ための バスです。
こどもたちの おくりむかえを します。

おおきさ やく 5m 40cm

ろせんバス

おおぜいの ひとを のせて、きまった コースを じかんどおりに はしります。

おおきさ やく 10m 40cm

どんな くるま かな？

いってきまーす！

にんげん（5さい）
しんちょう
1m 10cm

にんげん（5さい）
しんちょう
1m 10cm

43

のりものを くらべて みよう
くるまの おおきさくらべ

タンクローリー
おおきい タンクに ガソリンなどの えきたいを いれて はこびます。
おおきさ やく12m

写真協力：ENEOS㈱

おおがた ブルドーザ
ブレードで つちや いしを おします。 じめんを ふみかためる ことも とくいです。
おおきさ やく10m40cm

リッパーという つめで じめんも ほれる！
やく1m10cm
ブレード
リッパー

写真協力：キャタピラージャパン合同会社

おおがた ホイールローダ
タイヤで はしり、つちや すな、いしなどを はこびます。 おおきい バケットが とくちょうです。
おおきさ やく15m60cm

やく1m10cm
こんなに おおきい！
バケット

写真協力：キャタピラージャパン合同会社

44

のりものを くらべて みよう
くるまの おおきさくらべ

キャリアカー

くるまを はこぶ トラックです。
じょうようしゃを たくさん つむことが できます。

おおきさ やく17m

やく 1m 10cm

がんじょうな にだい

にだいは とても
ひろくて じょうぶです。
450トンの にもつを
つめます。

くるまで いちばん おおきいのは

いちばん

ホウルトラック

せかいで いちばん おおきくて おもい トラックです。
せきたんや てっこうせきを たくさん はこぶことが できます。

おおきさ やく 20 m

はしご

うんてんせきは たかい ところに あるので、はしごや かいだんで のぼります。

おもに がいこくで かつやく しているよ

やく 1 m 10 cm

タイヤは どれくらい おおきいの？

さいだいきゅうの ホウルトラックは ひとつの タイヤの ちょっけいが やく 4 m も あります。

47

のりものを くらべてみよう

ひこうきの おおきさ くらべ

ドローンも かつやく！

そらから さつえいするときや、ものや ひとを はこぶときに つかう「むじん こうくうき」です。

セスナ 560 サイテーション V
Austin Deppe / Shutterstock.com

セスナという かいしゃが つくった「セスナき」が あるよ！

けいひこうき

やく 8 にん のれる こがたきです。
レジャーや「くうさつ」に つかわれます。
おおきさ やく 14 m 90 cm

かわさき T-4
viper-zero / Shutterstock.com

じえいたい れんしゅうき

アクロバット ひこうチーム「ブルーインパルス」の ひこうきです。
おおきさ やく 13 m

にんげん （5さい）
しんちょう 1 m 10 cm

にんげん （5さい）
しんちょう 1 m 10 cm

ひとを たすける ヘリコプター！

MDヘリコプターズ MD902

ドクターヘリ

びょうにんや けがにんを はこびます。
おおきさ やく 11 m 80 cm

ミニバン（→43ページ）

やく 5 m

48

プロペラき

プロペラきは、みじかい かっそうろでも りりくや ちゃくりくが できます。

おおきさ やく32m80cm

ボンバルディア DHC-8-Q400

ドリームライナーと よばれる ボーイング 787が ゆうめい！

ボーイング 787-8

ちゅうがた りょかくき

かるくて じょうぶな きたいが とくちょうです。ジェットエンジンで とびます。

おおきさ やく56m70cm

かもつ ゆそうき

ウクライナの かいしゃが つくった ルスラーンは かもつを 150トンも つめます。

おおきさ やく69m

いちばん かもつを いちばん たくさん はこべる ひこうき！

アントノフ An-124 ルスラーン

タンクローリー (→44ページ)

やく12m

かもつを つむために、きしゅが パカッと あきます。

49

せかい さいだいの ひこうきの とくちょう

ボーイング 777-9 は、777シリーズが しんかした 777X の さいしんがたです。なまえに 7 が 3つ ならぶため、「トリプルセブン」と よばれます。

「777-9」は、すりー せぶん ないん とも よばれるよ

のりものをくらべてみよう　ひこうきの おおきさくらべ

ほかにも あるよ！ そらとぶ のりもの

ひこうせん くうきより かるい ガスを ふくろに いれて とびます。

ハンググライダー ぬのの つばさで かっくう します。

グライダー エンジンが なく、かぜに のって とびます。

ねつききゅう ふくろの なかの くうきを あたためて うきます。

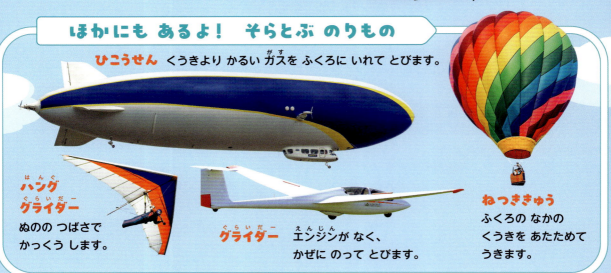

ひこうきで いちばん おおきいのは

おおがた りょかくき

いちばん

おりたためる つばさ

Aerospace Trek / Shutterstock.com

ちじょうでは つばさを たたみ、きたいの はばを ちいさくします。

りょこうきゃくを のせて、せかいじゅうの くにや ちいきを むすびます。いちどに 400にん いじょう のれます。

おおきさ やく 76m70cm

ボーイング 777-9
Ian Dewar Photography / Shutterstock.com

きょだいな エンジン

おおきな きたいで とぶには、きょだいな エンジンが ひつようです。

やく 20m60cm

いちばん おおきい くるま
ホウルトラックと くらべてみよう
(→46-47ページ)

51

のりものを くらべて みよう

ふねの おおきさ くらべ

ぎょせん
りょうしが つかう ふねです。
あたらしい ふねを うかべた ときに、はたを あげます。
おおきさ やく16m

写真協力：ヤマハ発動機(株)

ボート ぜんちょう 3m60cm

470きゅう ディンギー

ディンギーとは せんしつのない ちいさい ヨットや ボートだよ

ヨット
・ほに かぜを うけて はしります。
・ほを うごかして、すすむ ほうこうを かえます。
おおきさ 4m70cm

やかたぶね
むかしの いえのような かたちです。しょくじを したり、ショーを みたり できます。
おおきさ やく20m

はくちょうまる

ゆうらんせん
ふくしまけんの みずうみ 「いなわしろこ」などを めぐる ゆうらんせんです。
おおきさ やく20m

にっぽんまる

カーフェリー

ひとや くるまを たくさん のせられます。
はまなすは にほんかいを はしります。
おおきさ やく224m80cm

はまなす

しんかい6500
写真協力：JAMSTEC

しんかいを
しらべる
ちょうさせんも
あるよ

せんすいかん

みずに ふかく もぐれます。
じえいたいの せんすいかんは
うみを まもります。
おおきさ やく82m

おやしお

オイルタンカー

がいこくから せきゆを はこぶ ふねです。
せんないに タンクが たくさん あります。
おおきさ やく339m50cm

れんしゅう はんせん

ふなのりに なる ひとが くんれんする ふねです。
せんないで べんきょうも します。
おおきさ やく110m

TOYA
写真協力：日本郵船㈱／
ジャパン マリンユナイテッド㈱

いちばん
31まんトンの
せきゆを つめる
さいだいきゅうの
タンカー！

のりものを くらべてみよう　ふねの おおきさくらべ

クルーズきゃくせん

ふなたびを たのしむ きゃくせんです。せんないに えいがかんや プールも あります。

おおきさ やく365m

アイコン・オブ・ザ・シーズは 2024ねんに たんじょう したよ

アイコン・オブ・ザ・シーズ
写真協力：㈱ミキ・ツーリスト
ロイヤル・カリビアン・インターナショナル

どれくらい コンテナを つめるの?

ワン インフィニティは 2まん4000この コンテナを つめます。このかずも せかい さいだいきゅうです。

コンテナの おおきさは ようちえんバスと おなじくらい

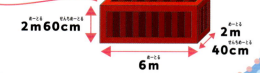

2m60cm　6m　2m40cm

ひろい ふなぞこ

かんぱん だけでなく、ふなぞこまで ぎっしり コンテナを つみます。

54

いちばん おおきい ひこうき
おおがたりょかくきと くらべてみよう
(→50-51ページ)

やく 76m70cm

ふねで いちばん おおきい のは

いちばん

コンテナせん

にもつが はいった コンテナを、せかいの くにや ちいきへ とどけます。みなとで コンテナごと トラックに のせかえます。

おおきさ やく400m

ちいさい せんしつ
コンテナを たくさん つめる ぶん、せんしつは ちいさいです。

ふねから おろした コンテナは トラックで かくちへ はこびます。

ワン インフィニティ
写真協力：オーシャン ネットワーク エクスプレス

でんしゃの ながさ・かお くらべ

のりものを くらべてみよう

せたがやせんの ひみつ

くるまの しんごうが あかに なると でんしゃが とおる！

せたがやせん
ながさ 24m

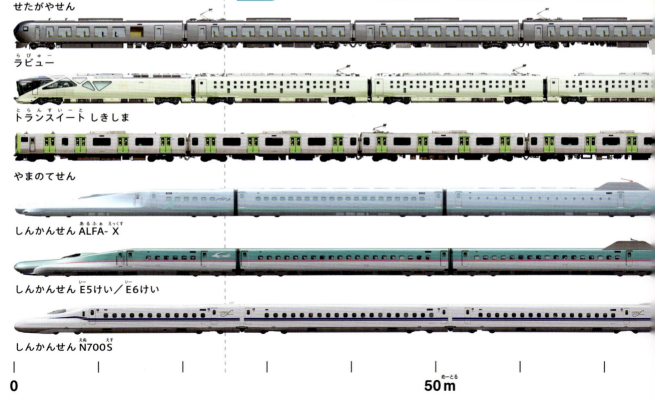

せたがやせん

ラビュー

トランスイート しきしま

やまのてせん

しんかんせん ALFA-X

しんかんせん E5けい／E6けい

しんかんせん N700S

0　　　　　　　　　　　　　　50m

56

うんてんせき

しゃない

いすは ひとりがけ!

ラビューのひみつ

うんてんせき

しゃない

すわっている ひざの たかさまで まどが あるのは ラビューだけ!
シートが きいろい!

とうきょうとや さいたまけんを はしる せいぶてつどうの とっきゅうだよ

ラビュー

ながさ やく160m

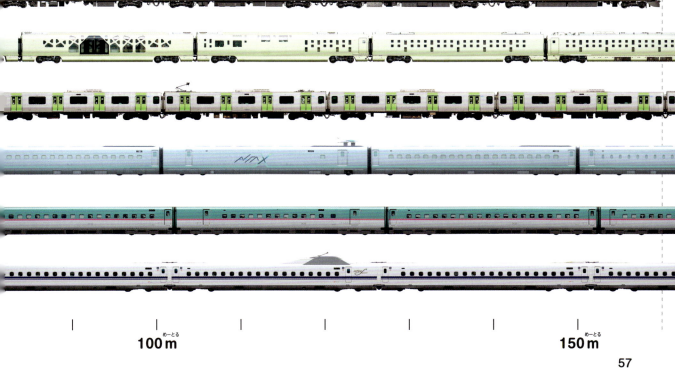

100m　　　150m

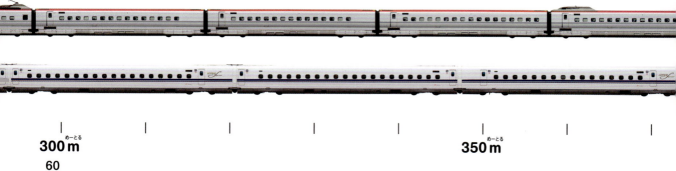

しんかんせん E5けい／E6けいのひみつ

よこがお

はなの ながさ 15 m

しゃない

しんかんせんの こまちは、すべての シートが 1れつに 4つ！

しんかんせん N700Sのひみつ

よこがお

はなの ながさ 10.7 m

ていしゃえきに ちかづくと、にもつおきばの ライトが あかるくなる！

しゃない

しんかんせん E5けい／E6けい

ながさ やく401m

400 m

にほんの でんしゃで いちばん ながいのは

いちばん

しんかんせん N700S

「のぞみ」は、とうきょうとから ふくおかけんまで、16りょう へんせいで はしります。

ながさ やく405m

61

のりものの はやさ くらべ

のりものを くらべてみよう

セスナ 172スカイホーク
とても ゆうめいな セスナきです。
きたいの うえに つばさが ついています。
じそく やく241km

しんかいそく
きょうとふ、おおさかふ、ひょうごけんなどを
むすぶ れっしゃです。
じそく やく130km

いちばん
にほんの とっきゅう
れっしゃの なかで
いちばん はやい！

ふつうどうろを はしる くるま
じそく やく60km

こうそくどうろを はしる くるま
じそく やく100km

スカイライナー
とうきょうの としんと
ちばけんの なりたくうこうを
やく36ぷんで むすびます。
じそく やく160km

ジェットフォイル
すいちゅうの つばさで せんたいを うかせて
はしる「すいちゅうよくせん」です。
じそく やく80km

パワーボート
レースに つかう ボートです。
すいめんを とびはねるように すすみます。
じそく やく200km

200km

じそく：1じかんで すすむ きょり

いちばん
いちばん たくさん つくられた けいひこうき!

アグスタ ウエストランド リンクス
イギリスの ぐんよう ヘリコプターです。
にもつの ゆそうなどに つかわれます。
じそく やく401km

E6けい
H5けい
E5けい

いちばん
にほんの しんかんせんの なかで いちばん はやい!

しんかんせん E5けい／H5けい／E6けい
E5けいや H5けいの「はやぶさ」と E6けいの
「こまち」は つながって はしる れっしゃも あります。
じそく やく320km

にほんの レーサー
「さとう たくま」が
ゆうしょう したよ!

インディカー
だえんの コースで はやさを きそう
「インディ500レース」ようの
くるまです。
じそく やく380km

400km

63

のりものをくらべてみよう / のりもののはやさくらべ

いちばん てつどうの なかで いちばん はやい!

リニアモーターカー
L0けい かいりょうがた しけんしゃ

じしゃくで しゃたいを うかせて はしる、あたらしい しんかんせんです。

じそく やく600km

しけんを くりかえして いるよ

ちゅうごくちゅうしゃ CR450

ちゅうごくを はしる こうそく しゃりょうです。ふっこうごう として はしるよていです。

じそく やく450km

いちばん りょかくきの なかで いちばん はやい!

写真協力:ゲッティ イメージズ

ブガッティ シロン

いちばん はやい スピードを めざして つくられた しはんしゃです。

じそく やく490km

MilanoPE / Shutterstock.com

いちばん オートバイの なかで いちばん はやい!

ダッジ トマホーク

バイパーという スポーツカーの エンジンを つんだ、4りんの オートバイです。

じそく やく480km

写真協力:ゲッティ イメージズ

のりもので いちばん はやいのは
ロッキード SR-71A ブラックバード

いちばん

ちきゅうじょうで いちばん はやい のりものは、アメリカぐんの ていさつき として かいはつ されました。

じそく やく 3,529km

とくしゅな きたい
レーダーや センサーに たんち されにくい そざいで できています。

エアバス A380-800

きないが 2かいだての おおがた りょかくきです。
おもいですが、はやく とべます。

じそく やく910km

もっと はやい のりものは あるかな?

ひとを のせて うちゅうを とぶ 「うちゅうせん」 は、ちきゅうじょうの のりものよりも はやいです。
アポロ10ごうは じそく39,897km を きろく しました。

スラスト SSC

2つの ジェットエンジンで はしります。
はじめて おんそくを こえた くるまです。

じそく やく1,228km

おんそくは 「おとの はやさ」 という いみだよ

ヤッホ〜 ヤッホ〜 ヤッホ〜

600km

いちばん
くるまの なかで いちばん はやい!

写真協力:アフロ

のりものを くらべて みよう

のりものの いろくらべ

かじを けしたり さいがいを ふせいだり するよ

きゅうじょこうさくしゃ
レスキューたいいんと きゅうじょの どうぐを のせて、さいがいげんばへ いきます。

ひとを たすける どうぐを たくさん つんでいるよ

ポンプしゃ
yoshi0511 / Shutterstock.com

ポンプで みずを いきおいよく だして ひを けします。ホースを たくさん つんでいます。

はしごに ついている バスケットから しょうか！

はしごしゃ
たかい たてものの かじに しゅつどう します。はしごを のばして ほうすい します。

しきしゃ
かじの げんばで じょうほうを まとめて、しょうぼうたいに しじを だします。

しょうぼうヘリコプター
くるまで いけない ばしょで ひとを たすけたり、そらから しょうかを したり します。

写真協力：アマナ イメージズ

しろ

きんきゅうじに ひとびとを まもる しごとを するよ

けいら パトロールカー

ひとびとの くらしや まちの あんぜんを みまわります。
パトカーとも よばれます。

あかく ひかる 「せきしょくとう」は たかく あがるよ

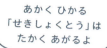

しろバイ

こうつういはんを とりしまって あんぜんを まもる けいさつの オートバイです。

しゃたいを ひろげると びょういんの ように なる！

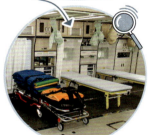

スーパー アンビュランス

おおがたの きゅうきゅうしゃです。だいさいがいの ときに しゅつどうします。

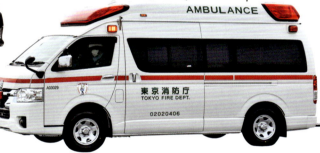

きゅうきゅうしゃ

びょうにんや けがにんを びょういんへ はこびます。しょうぼうしゃの なかまです。

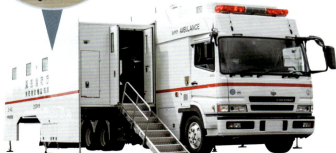

けつえきうんぱんしゃ

ゆけつが ひつような ひとが いる びょういんへ、いそいで けつえきを とどけます。

67

きいろ

ドクターイエロー

せんろや かせんなどの てんけんをする しんかんせんです。2027ねんごろに いんたいする よていです。

イエローは「きいろ」という いみの ことばだよ

じこが おきたことを ひょうしきで しらせるよ

どうろパトロールカー

どうろの いじょうを しらべたり、ほかの くるまに じこを しらせたり します。

ロータリーじょせつしゃ

ゆきを いきおいよく ふきとばす！

どうろに つもった ゆきを とりのぞきます。なつは くさかりを てつだいます。

ブルドーザ

ゆあつショベル

こうじのくるま

こうじで かつやくする ブルドーザや ゆあつショベルも きいろです。

ロードスイーパー

はしりながら、ブラシを つかって どうろの ごみや よごれを とりのぞきます。

みどり

やがいすいぐ1ごう

じえいたいの トラックに ひっぱられて いどうする キッチンカーです。

200にんぶんの しょくじを 45ふんで つくれる！

さいがいはけんしゃ

じえいたいの トラックです。さいがいの ときに しえんぶっしなどを はこびます。

さいがいかつどうよう こうほうしゃ

きどうたいの じどうしゃです。さいがいの ときに ひなんの ゆうどうなどを します。

あお

ごみを きかいで おしつぶして たくさん つむよ

せいそうしゃ

ごみを しょぶんじょうへ はこびます。ごみしゅうしゅうしゃとも よばれます。

おおがたゆそうしゃ

きゅうじょや けいびを する きどうたいいんを げんばへ はこぶ おおがたバスです。

レッカーしゃ

じこや こしょうで うごけなくなった くるまを しゅうりこうじょうへ はこびます。

みてみよう！のりものとこうつうの いろいろな いちばん

せかいいち たくさん うれた オートバイ
ホンダ スーパーカブ

ゆうびんはいたつなどの しごとで つかわれています。

1おくだい いじょう つくられた！

にほんいち ながい バス
れんせつバス

ろせんバスが 2だい つながったような かたちを しています。

まえと うしろの しゃりょうは ほろで つながっているね

ツインライナー
写真協力：神奈川中央交通

せいぞうてつどう

ひょうこう 5072 m の こうげんを はしる てつどうです。

写真協力：ゲッティ イメージズ

せかいいち たかい ところを はしる でんしゃ

1300トンの にもつを つめるよ

せかいいち ちからもちの くるま

ドーリー

2だい ならんで ロケットと はっしゃだいを はこびます。

写真協力：JAXA

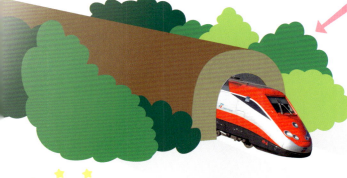

せかいいち ながい トンネル

ゴッタルドベーストンネル

スイスの アルプスさんみゃくを はしる 57kmの てつどうの トンネルです。

にほんいち たかい ところを はしる のりもの

こまがたけロープウェイ

しゅうてんの 「せんじょうじきえき」は ひょうこう 2612mに あります。

せかいいち じょうこうきゃくが おおい えき

しんじゅくえき

1にちに 364まんにんの ひとが のりおりします。

11しゅるいの でんしゃが とまる えきだよ

しぜんをくらべてみよう

たいようけいの ほしの おおきさくらべ

！ たいようから ちかい じゅんに、わくせいの あたまの もじを ならべて

いちばん
たいようけいの わくせいで たいようから いちばん ちかい！

ぼくたち わたしたちが すんでいる ほしだね

もくせい
おおきさ
やく14まん3000km ★

すいせい
おおきさ
やく4900km ★

ちきゅう
おおきさ
やく1まん2800km ★

かせい
おおきさ
やく6800km ★

いちばん おおきい ほしは

きんせい
おおきさ
やく1まん2100km ★

つき
おおきさ
やく3500km ★

フォボス
おおきさ
やく20km ★

たいよう

たいようは あつい ねつや ほのおを だして、あかるく ひかっています。たいようのように じぶんで ひかる ほしを「こうせい」と いいます。

おおきさ　やく139まん2000km ★

たいようは どれくらい おおきいの？

たいようは ちきゅう109こと おなじくらいの ちょっけいです。ちきゅうが ゴマだとすると、たいようは サッカーボールくらい おおきいです。

ちきゅう
ゴマ 2mm

もくせい
スーパーボール
2 cm

たいよう
サッカーボール
22 cm

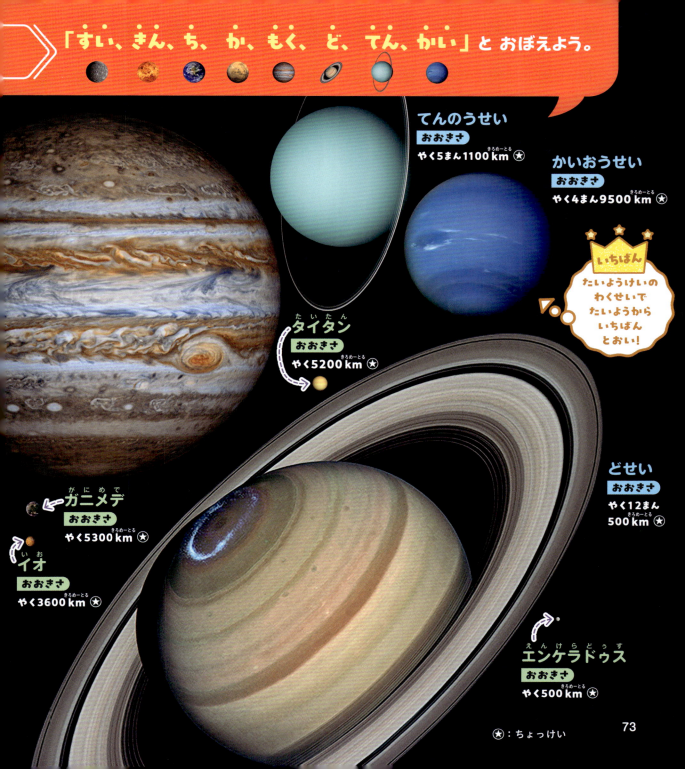

しぜんをくらべてみよう

たいようけいの ほしの すがたくらべ

「たいようけい」って なんだろう？

「たいようけい」とは たいようと、たいようの まわりを まわる「てんたい」の ことです。
うちゅうに ある ほしや ものの ことを まとめて「てんたい」と いいます。

わくせいの まわりを まわる ほし

えいせい

いちばん／ちきゅうに いちばん ちかい ほし！

いきものが いる かもしれないぞ

つき
ちきゅうの えいせい

ひょうめんに クレーターが たくさん あります。

エンケラドゥス
どせいの えいせい

ひょうめんは こおっていて、ちかに みずが あると かんがえられています。

ガニメデ
もくせいの えいせい

たいようけいで もっとも おおきい えいせいです。

イオ
もくせいの えいせい

きいろい えいせいです。
かざんが たくさん あります。

フォボス
かせいの えいせい

まるではなく、ジャガイモのような かたちを しています。

タイタン
どせいの えいせい

オレンジいろの くもに おおわれていて ちひょうは みえません。

じぶんで ひかる ほし

こうせい

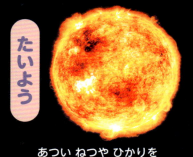

たいよう

あつい ねつや ひかりを
だして かがやいて います。

こうせいの まわりを まわる ほし

わくせい

すいせい

いんせきが ぶつかって できる
「クレーター」が たくさん あります。

 1にちの ながさが いちばん ながい！

きんせい

ゆうがたや あけがたに みえる
あかるい ほしです。

ちきゅう

わたしたちが くらす
あおく うつくしい ほしです。

かせい

てつが まざった あかちゃいろの
すなに おおわれて います。

 たいようけいの わくせいで いちばん おおきい！

もくせい

しまもようや、あかい くもの
うずが とくちょうです。

どせい

こおりの つぶが あつまった
うきわのような わが あります。

てんのうせい

ひとの めでは よくみえない
しまもようや、ほそい わが あります。

かいおうせい

ぶあつい くもに おおわれて いて
あおく みえます。

 ぼうえんきょうで さいしょに はっけんされた わくせい！

ちきゅうの いろいろな いちばん くらべ

しぜんを くらべて みよう

せかいいち おおきい たいりく

① ユーラシアたいりく

ヨーロッパや アジアの ひとたちが くらす ひろい りくちです。

にほんの となりに あるね

せかいいち ひろい さばく

② サハラさばく

にほん、24こぶんの ひろさ

あめが あまり ふりません。じめんは すなや いしに おおわれています。

せかいいち ひろい みずうみ

③ カスピかい

ロシアや イランなどの 5つの くにに かこまれて います。

にほんと おなじ くらいの ひろさ

せかいいち ひろい さんごしょう

④ グレート バリアリーフ

にほんと おなじ くらいの ひろさ

さんごなどが つみかさなって できた うつくしい ちけいです。

せかいいち ひろい うみ

⑤ たいへいよう

ちきゅうの りくちを すべて あわせた めんせきよりも ひろいです。

> ばしょの ひろさを「めんせき」と いうよ

せかいいち ひろい しま

⑥ グリーンランド

にほん、6こぶんの ひろさ

りくちの ほとんどが こおりと ゆきで おおわれて います。

せかいいち ふかい うみ

マリアナ かいこう

⑦

たいへいようの そこに ある ほそながい みぞです。

エベレスト(→79ページ)が しずむくらい ふかい!

せかいいち おおきい たき

イグアスのたき

⑨

ブラジルと アルゼンチンの こっきょうに あります。

20かいだての ビルよりも たかい

せかいいち ながい かわ

⑧ ナイルがわ

にほん、2つぶんの ながさ

アフリカの 10この くにを とおって うみまで ながれます。

しぜんをくらべてみよう

やまの たかさ くらべ

いちばん
にほんで いちばん たかい！

ふじさん
にほんの やまです。なんども ふんか したことが あります。
たかさ 3776 m ①

モンブラン
アルプスさんみゃくの やまです。
たかさ 4806 m ②

ビンソンマシフ
なんきょくたいりくで いちばん たかい やまです。
たかさ 4892 m ③

キリマンジャロ
アフリカたいりくで いちばん たかい やまです。
たかさ 5895 m ④

とうきょうタワー
たかさ 333 m

いちばん たかい やまは エベレスト

いちばん

ヒマラヤさんみゃくの やまで、チベットと ネパールの さかいに あります。チョモランマとも よばれます。

たかさ 8848m

アコンカグア
アンデスさんみゃくの やまです。
アルゼンチンに あります。
たかさ 6962m

マッキンリー(デナリ)
アメリカの アラスカしゅうに あります。
たかさ 6190m

ふじさんが 3つぶんの たかさだよ

せかいで いちばん たかい ところを とぶ とりよ

インドガン

せかいで いちばん たかい ところに ある まちだよ

ラ・リンコナダ たかさ5100m

— 10000m
— 9000m
— 8000m
— 7000m
— 6000m
— 5000m
— 4000m
— 3000m
— 2000m
— 1000m

しぜんをくらべてみよう

くもの かたち くらべ

すじぐも（けんうん）
かぜで いろいろな かたちに かわるよ

すじに なっている まっしろの くもです。

いわしぐも（けんせきうん）
ちいさい くもが あつまって、いわしの むれのように みえます。

ほんとうの くもでは ないのね

ひこうきぐも
ひこうきの エンジンから でる すいじょうきが こおって くものように みえます。

いわしぐもよりも ひとつひとつの くもが おおきいね

ひつじぐも（こうせきうん）
もこもこした くもが ひつじの むれのように ならびます。

かさぐも
やまの てっぺんを かさのように おおう くもです。

うねぐも（そうせきうん）
うみの なみのような かたちを しています。

いちばん
そらの いちばん ひくい ところに できる くも！

きりぐも（そううん）
じめんや すいめんから のぼった きりが ひろがって できます。

80

うすぐも（けんそううん）

そらの たかいところに うっすらと うかびます。

かみなりぐも（せきらんうん）

たくさんの あめや かみなりを おこす きょだいな くもです。

くもの たかさが 10000mを こえると よこへ ひろがるよ

いちばん

いちばん たかくて おおきい くも！

── 5000 m

あまぐも（らんそううん）

あまぐもが できると、ながい じかん あめが ふります。

おぼろぐも（こうそううん）

そら ぜんたいに ひろがる はいいろの くもです。

── 2000 m

わたぐも（せきうん）

わたを ちぎったような かたちを しています。

あつい ひは もくもくと せが たかくなるよ

81

はっぱの かたち くらべ

しぜんを くらべてみよう

はが 4つの「よつば」を みつけたら ラッキー！

シロツメクサ
ちいさい はが 3つ ついています。
クローバーとも よばれます。

タンポポ
ほそながくて ふちが ギザギザです。きいろい はなが さきます。

くさもちは ヨモギの はを ねりこんで つくるよ

ヨモギ
くさもちの ざいりょうです。
さわやかな かおりが します。

はる

サクラ
ふちに ちいさい ギザギザが あります。さくらもちに つかう はっぱです。

ヒマワリ
ハートがたで ざらざら しています。

アジサイ
はばが ひろく あつみが あって、ふちは ギザギザです。

アサガオ
はが 3つに わかれていて、ひとつひとつが とがっています。

ササ
パンダの だいこうぶつです。たなばたの かざりにも つかいます。

なつ

モミジ
てを ひろげたような かたちです。あきに なると こうよう します。

はるや なつは はが みどりだね

カキ

たまごがたの ぶあつい はです。くだものの カキが みのります。

イチョウ
おうぎのような かたちを しています。あきには きいろに なります。

マツ
はりのように チクチクした はが あつまっています。

まつの みは ふゆに まつぼっくりに なるよ

あき

ススキ

ほそながくて とがっています。あきは ほが ひらいて かぜに ゆれます。

ポインセチア

「ほう」という あかい はが とくちょうです。クリスマスに かざります。

モミ

クリスマスの かざりつけに つかいます。はは かたく とがっています。

ふゆ

いちばん おおきい はっぱは どんな はっぱ?

オオオニバス
みずの なかで そだつ はっぱです。おさらのような かたちを していて、2m くらいの おおきさに せいちょうします。

やく 2m

83

どんぐりの おおきさ くらべ

しぜんをくらべてみよう

コナラ

ぼうしのことを「かくと」というよ

みは ほそく、ぼうしに うろこのような もようが あります。
おおきさ たて やく1.5cm

スダジイ
みを ふかく つつみこむ ぼうしが とくちょうです。
おおきさ たて やく1.5cm

シラカシ
ぼうしが おおきくて、よこしまの もようが あります。
おおきさ たて やく1.5cm

アラカシ
みは たまごのような かたちです。たてじまの もようが あります。
おおきさ たて やく2cm

ミズナラ

ぼうしは おわんがたで、ひょうめんが でこぼこして います。
おおきさ たて やく2.5cm

マテバシイ

みは コナラよりも ほそながくて、ぼうしは うろこもようです。
おおきさ たて やく3cm

にほんで いちばん おおきい どんぐりは
オキナワ ウラジロガシ
いちばん

おきなわけん などに そだつ めずらしい きのみです。クリよりも ほそながくて、ぼうしに よこしまの もようが あります。
おおきさ たて やく5cm

まるくて おおきい み
えいよう たっぷりの みは イノシシの だいこうぶつです。

たて 3〜5cm
よこ 2〜3cm

クヌギ

まるい みが、かごのような ぼうしに つつまれて います。
おおきさ たて やく3cm

クリ

トゲトゲの「いが」の なかに、3つの クリが はいって います。
おおきさ たて やく3.5cm

84　※このページの どんぐりは、じっさいの おおきさです。

写真協力：ゲッティ イメージズ

どんぐりを たべる いきものたち

どんぐりは あきに きから おちて、いきものの たいせつな しょくりょうに なります。

カケス

どんぐりを のどに ためて、すに もちかえります。

シマリス

どんぐりを ほっぺに いれて はこびます。

ニホンジカ

シカは どんぐりが だいすき。たくさん たべます。

イノシシも どんぐりが だいこうぶつ。クリの みを 「いが」から だすことも できます。

イノシシ

ツキノワグマ

とうみんの まえに どんぐりを たべて えいようを たくわえます。

ヒト

くりごはんが たべたいなぁ

モンブラン だいすき!

クリの みを 「くりきんとん」や 「くりごはん」に ちょうりします。

クリ

みてみよう！ ゆきのけっしょう

ゆきは「けっしょう」という ちいさい つぶが あつまった ものです。
けっしょうを よくみると、ひとつぶ ひとつぶが きれいな かたちを しています。
いろいろな かたちが あるので、みつけたら □に ✓を かいてみましょう。

かくだいして みると すごく きれいね

じゅしろっか

☑

かくばん

☑

おうぎろっか

☑

ひろはばろっか

☑

じゅしつきかくばん

 ✓

じゅしつづみ

 ✓

じゅうにか

 ✓

かんさつする ほうほう

ゆきを
くろい ぬので
つかまえる。

ルーペで
のぞく。

ゆきのけっしょうは どうやって できるの?

くもの なかの
みずが こおって
つぶになる。

つぶが たくさん
あつまって
くっつくと
けっしょうになる。

おもくなって
ふってくるのが
「ゆき」だよ

監修者

沢井佳子　さわい よしこ

1959年東京都生まれ。一般社団法人日本こども成育協会理事、チャイルド・ラボ所長。認知発達支援と視聴覚コンテンツ開発を専門とする。お茶の水女子大学大学院修了。専攻は発達心理学。教育番組『ひらけ！ポンキッキ』（フジテレビ）の心理学スタッフ、お茶の水女子大学大学院研究員、静岡大学情報学部客員教授等を歴任。編著書『6歳までの子育て大全』（アチーブメント出版）のほか、幼児教養番組『しまじろうのわお！』（テレビ東京系列）、『こどもちゃれんじ』（ベネッセ）、ハッピーセットの玩具（日本マクドナルド）等を監修。日本子ども学会常任理事。人工知能学会「コモンセンスと感情研究会」幹事。

成島悦雄　なるしま えつお

1949年、栃木県生まれ。公益社団法人日本動物園水族館協会顧問。東京農工大学卒。都立動物園の獣医師、井の頭自然文化園長、日本獣医生命科学大学客員教授を務める。トキ、ユキヒョウなどの希少種の保全活動にも従事。日本野生動物医学会評議員。著書に『珍獣図鑑』（ハッピーオウル社）、監修書に『はじめてのずかん　どうぶつ』『はじめてのずかん　いきもの』（高橋書店）、『小学館の図鑑NEO〔新版〕動物　DVDつき』（小学館）などがある。長年にわたりNHKラジオ番組・子ども科学電話相談に回答者として子どもたちから寄せられる動物の質問に答えている。

山﨑友也　やまさき ゆうや

1970年広島県広島市生まれ。日本大学芸術学部写真学科卒。2000年に鉄道写真の専門家集団である有限会社レイルマンフォトオフィスを設立。鉄道各社のポスターやカレンダー、車両カタログなどの撮影を多数手がけている。個人の作家活動では、車両中心ではなく鉄道をとりまく環境や人々を被写体として、写真集の制作や個展も多く開催している。著書・監修書は『はじめてのずかん　でんしゃ』（高橋書店）、『講談社の動く図鑑MOVE　鉄道 新訂版』（講談社）、『DVD付き　電車スーパー大図鑑』（永岡書店）、『DVD付き 新幹線大集合！ スーパー大百科』（成美堂出版）、『ぶら鉄 親子でGO！ 電車見まくりスポット 首都圏版』（昭文社）など多数。

大﨑章弘　おおさき あきひろ

1976年高知県生まれ。お茶の水女子大学サイエンス＆エデュケーション研究所特任講師。早稲田大学大学院理工学研究科博士後期課程満期退学後、同大学助手として研究・教育活動に従事。2009年から2014年まで日本科学未来館科学コミュニケーターとして展示やイベント、実験教室の企画開発などを担当。2016年4月より現職。小中学校の理科授業や子どもの学びを支援する科学教材を研究している。また科学書籍監修やワークショップの企画実践など、先端科学技術と社会をつなぐ活動を行っている。

いちばん！ がわかる　はじめての　くらべるずかん

監修者　沢井佳子／成島悦雄／山﨑友也／大﨑章弘
発行者　清水美成
編集者　白神あゆ子
発行所　**株式会社 高橋書店**
　　　　〒170-6014 東京都豊島区東池袋3-1-1 サンシャイン60 14階
　　　　電話　03-5957-7103

ISBN978-4-471-10414-6　©TAKAHASHI SHOTEN　Printed in Japan

定価はカバーに表示してあります。
本書および本書の付属物の内容を許可なく転載することを禁じます。また、本書および付属物の無断複写（コピー、スキャン、デジタル化等）、複製物の譲渡および配信は著作権法上での例外を除き禁止されています。

本書の内容についてのご質問は「書名、質問事項（ページ、内容）、お客様のご連絡先」を明記のうえ、郵送、FAX、ホームページお問い合わせフォームから小社へお送りください。
回答にはお時間をいただく場合がございます。また、電話によるお問い合わせ、本書の内容を超えたご質問にはお答えできませんので、ご了承ください。本書に関する正誤等の情報は、小社ホームページもご参照ください。

【内容についての問い合わせ先】
　書　面　〒170-6014 東京都豊島区東池袋3-1-1 サンシャイン60 14階　高橋書店編集部
　ＦＡＸ　03-5957-7079
　メール　小社ホームページお問い合わせフォームから　（https://www.takahashishoten.co.jp/）
【不良品についての問い合わせ先】
　ページの順序間違い・抜けなど物理的欠陥がございましたら、電話03-5957-7076へお問い合わせください。
　ただし、古書店等で購入・入手された商品の交換には一切応じられません。